Ines Radionow/Jan Birck

Kunterbunter Wasserspaß

In diesem Bastelbär-Heft findest du:

Ravensburger Buchverlag

2 Ein Teich zum Angeln

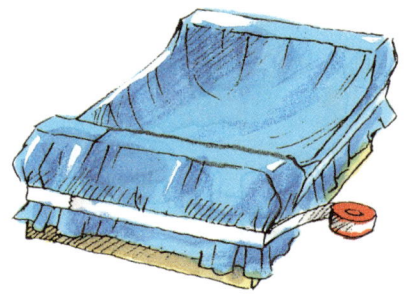

Für den Teich:

- Obstkiste
- alte Zeitungen
- großer Müllbeutel
- Klebeband

Für die Fische:

- Flaschenkorken
- Zahnstocher
- Tonpapier
- Filzstifte
- Blumendraht
- Küchenmesser
- Schere, Bleistift
- wasserfester Klebstoff

Für die Angel:

- Stock
- Schnur
- Klebeband
- Blumendraht

Ob es regnet, stürmt oder schneit, an deinem Teich sitzt du immer gemütlich im Trockenen. Und wenn Freunde vorbeischauen, kannst du sie zu einem kleinen Angelwettbewerb einladen.

Für den **Teich** legst du zuerst die Obstkiste mit Zeitungspapier aus, dann mit einem aufgeschnittenen Müllbeutel.

Die Ränder des Müllbeutels schlägst du über den Rand der Kiste und befestigst sie mit Klebeband.

Für die **Fische** mit dem Küchenmesser zwei Korken quer einschneiden und mit einem Zahnstocher verbinden. Mit dem Bleistift zeichnest du dir deine eigenen erfundenen Fische auf das Tonpapier, schneidest sie aus und malst sie an.

Dann bestreichst du sie unten mit Klebstoff und steckst sie in die Korkenritzen.

Für die **Angel** befestigst du die Schnur mit Knoten und Klebeband am Stock und bindest ans Ende der Schnur einen Haken aus Blumendraht.

Vom Blumendraht schneidest du etwa 3 cm lange Enden ab. Dann stichst du den Draht wie auf der Zeichnung durch die Fische, formst ihn zu einem Ring und drehst die Enden zusammen.

Ein Teich zum Angeln

Jetzt füllst du dein Teich-
becken mit Wasser und
setzt die Fische darauf aus.

Hast du noch Lust, deinen
Teich zu gestalten? Zum
Beispiel mit Blättern und
Zweigen aus dem Garten,
oder du erfindest deine
eigenen schwimmenden
Pflanzen.

Übrigens, deine Fische
kannst du auch in einen
echten Teich setzen und sie
darin angeln.

Angelspiele

Du kannst mithilfe einer Uhr
feststellen, wie schnell du
oder deine Freunde die Fische angelt.
Oder du schreibst auf jeden
Fischkorken mit einem
wasserfesten Filzstift eine
Punktzahl, die bei jedem
geangelten Fisch notiert
wird. Abwechselnd darf
dann jeder Mitspieler einen
Fisch angeln. Wer die
höchste Punktzahl hat, hat
gewonnen.

6 Unterwassergucker

Hast du Lust, einen Blick in die Unterwasserwelt zu werfen? Mit einem selbst gebastelten Unterwassergucker ist das kein Problem.

1 Mit dem Dosenöffner schneidest du Boden und Deckel einer Blechdose aus.

2 Jetzt spannst du die Plastikfolie über eine der Öffnungen, schlingst zweimal ein Band um Dose und Folie und verknotest die Enden.

3 Jetzt kannst du die Folie rund um die Dose mit einer Schere begradigen und mit Tesakrepp festkleben.

Material

- *größere leere Blechdose*
- *Dosenöffner*
- *klare Plastikfolie*
- *Schnur*
- *Schere*
- *Tesakrepp*

Hältst du die Dose mit der Folie nach unten ins Wasser, drückt es dagegen und wölbt sie nach innen. Die Folie wirkt jetzt wie die Linse einer Lupe.

Material

- *1 großes Einmachglas*
- *Styroporplatte, ca. 1 cm dick*
- *Vogelsand*
- *Pfeifenputzer*
- *bunte Plastiktüten*
- *Transparentpapier zum Pausen*
- *Schaschlikstäbchen*
- *Metallfolie*
- *leere Schneckenhäuser*
- *Knetgummi*
- *kleine Steine*
- *wasserfester Klebstoff*
- *Schere, Messer, Bleistift*

So baust du dir dein Aquarium:

Aus der Styroporplatte schneidest du mit dem Messer einen Kreis aus, der so groß ist, dass er durch die Glasöffnung passt.

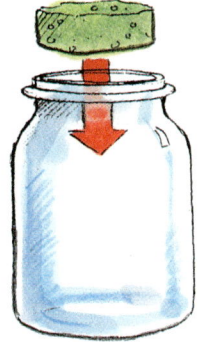

Den Styroporkreis legst du auf den Boden des Einmachglases. Dann schüttest du den Vogelsand ca. 4 cm hoch ins Glas.

Für den Seetang schneidest du aus den farbigen Plastiktüten Rechtecke aus und schneidest sie ein. Dann bestreichst du den unteren Teil mit Klebstoff und wickelst die Folie um den Pfeifenputzer.

Für die **Fische** paust du die Form mithilfe des Transparentpapiers ab und überträgst sie auf die Metallfolie. Für jeden Fisch benötigst du zwei Formen, die du dann mit einem Schaschlikspieß in der Mitte zusammenklebst.

Fischschablone

Für die **Wasserschnecken** formst du aus dem Knetgummi Schneckenkörper und drückst die Schneckenhäuser auf die Rücken.

Nun kannst du dein Aquarium einrichten und anschließend das Glas vorsichtig mit Wasser auffüllen.

Die Fische in diesem Aquarium können zwar nicht schwimmen, dafür blinken sie wunderbar und sind sehr pflegeleicht.

Traumschiffflotte

■ *Styroporplatte mit ca. 3 cm Durchmesser*
■ *dicker Filzstift*
■ *Messer*
■ *altes Verpackungs-material*
■ *Kleber*
■ *Plakafarben*
■ *Pinsel*
■ *Schnur*

Piratenfloß

■ *mindestens 6 Längs-äste, ca. 30 cm lang*
■ *3 Queräste, ca. 15 cm lang*
■ *feste Schnur*
■ *Papier für das Segel*
■ *Filzstifte*

Katamaran

■ *7 gleichgroße Korken*
■ *1 Schaschlikspieß*
■ *9 Zahnstocher*
■ *festes Papier für das Segel*
■ *Pappe für die Ruder-blätter*

Traumschiffflotte

1 Mit dem Filzstift zeich-nest du die Grundform dei-nes Schiffes auf die Styro-porplatte und schneidest sie mit dem Messer aus. Beim Ausschneiden sollte dir ein Erwachsener helfen.

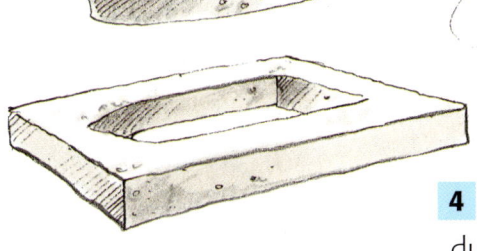

2 Dann befestigst du die leeren Schachteln, Dosen und Papprollen mit Kleber auf der Styroporplatte.

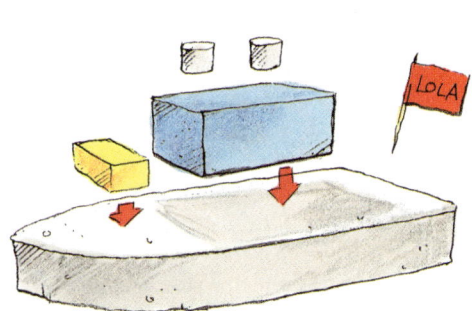

3 Wenn alles getrocknet ist, malst du dein Schiff mit Plakafarben an.

4 Für die Schnur machst du ein Loch in die Styro-porplatte und ziehst sie durch. Jetzt kann dein Schiff auf große Fahrt ge-hen.

Piratenfloß

1 Verbinde die Längsäste mit zwei Querästen, wie abgebildet, mit einer Schnur.

2 Ein weiterer Ast dient als Mast und wird eingesteckt, wie die Abbildung zeigt.

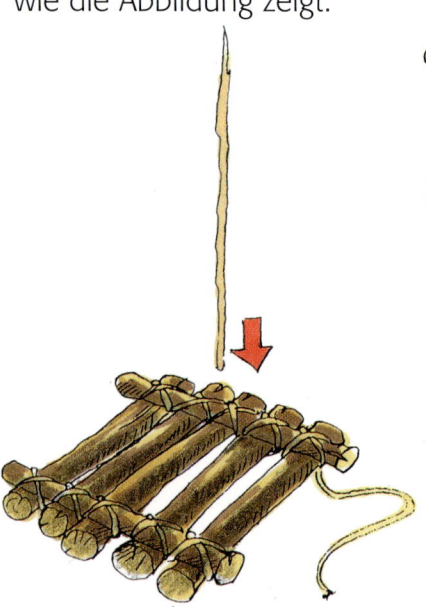

3 Bemale dein Segel mit Piratenzeichen und stecke es auf den Mast.

4 Möchtest du mit deinem Piratenfloß eine Nachtfahrt unternehmen? Dann stell vor das Segel ein Teelicht, und es wird in der Dunkelheit leuchten.

Katamaran

Ein Katamaran ist ein Sportsegelboot mit zwei Rümpfen, das ganz schnell fahren kann.

Mit wenigen Mitteln kannst du dir so ein schnelles Boot bauen. Die Ruderblätter und das Segel ermöglichen es dir, die Fahrtrichtung des Katamarans zu bestimmen.

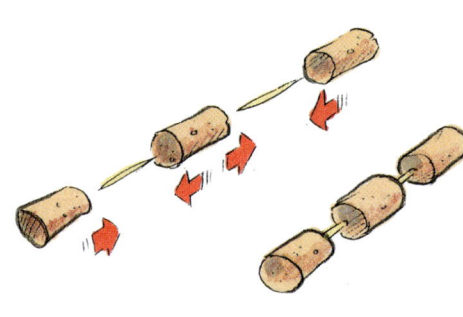

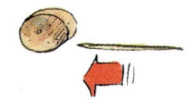

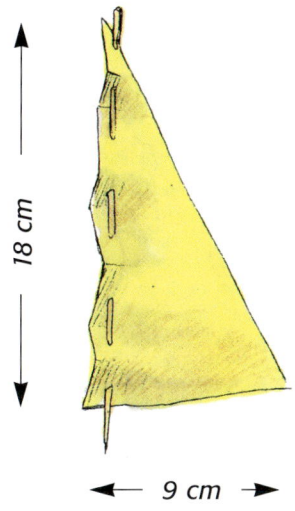

18 cm

9 cm

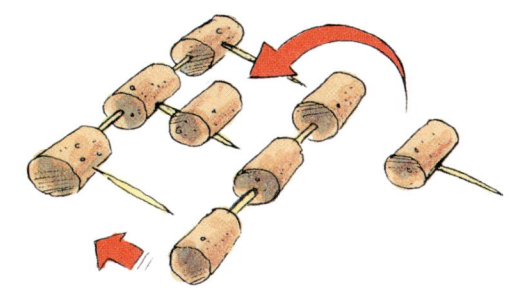

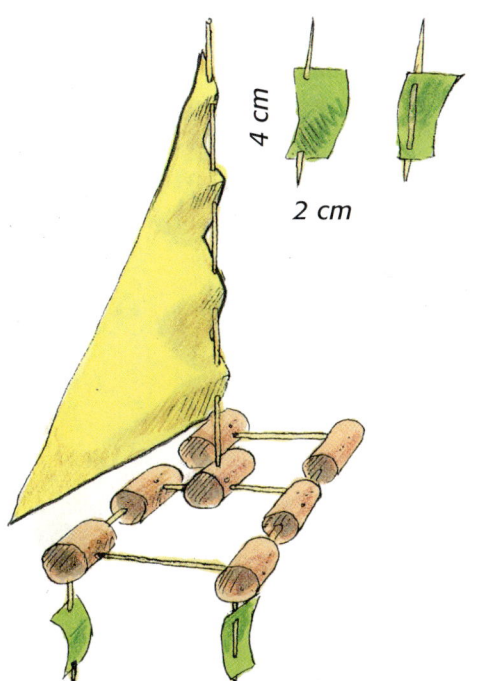

4 cm

2 cm

12 Meerungeheuer

In früheren Zeiten spukte es in den Geschichten von Seefahrern nur so von unheimlichen Meerungeheuern. Längst ausgestorben? Seemannsgarn? Wer das behauptet, wird eines besseren belehrt.

1 Binde den Müllbeutel am geschlossenen Ende mit Bindfaden zusammen.

2 Dann bläst du einen runden und vier längliche Luftballons auf. Die befestigst du wie auf der Zeichnung mit dem Bindfaden an dem Müllbeutel.

Material

■ *großer blauer Müllbeutel*
■ *runde und längliche Luftballons*
■ *Bindfaden*
■ *wasserfester Filzstift*
■ *wasserfester Klebstoff*
■ *bunte Plastiktüte*

3 Jetzt brauchst du viel Puste, denn der Müllbeutel wird mit runden, aufgeblasenen Luftballons gefüllt. Je nach Größe des Beutels und der Ballons brauchst du etwa sieben bis neun Stück. Der Müllbeutel darf nicht zu prall gefüllt werden.

5 Mit dem Filzstift malst du ein Gesicht auf den vorderen Ballon. Aus der Plastiktüte schneidest du zwei Ohren und klebst sie fest. Um zu vermeiden, dass dir dein Meerungeheuer wegschwimmt, solltest du es an einer Leine festbinden.

4 Dann bindest du den Beutel hinten zu. Dabei musst du darauf achten, dass nicht zu viel Luft im Beutel bleibt.

Material

- 1 Holzbrettchen (ca. 23 x 15 cm)
- Fimo
- Moosgummi in zwei Grüntönen
- Butterbrotpapier
- rosa Filzstift
- Teelicht
- wasserfester Klebstoff
- Schere
- Bleistift
- Schnur
- evtl. 1 Schraube

1 Aus dem Fimo formst du zwei kleine Frösche, deren Körper ca. 5 cm lang sind. Dann härtest du die Frösche im Backofen bei 130 °C ca. 15 Minuten.

2 Auf das Moosgummi zeichnest du dir ein großes Seerosenblatt, das fast das ganze Holzbrett bedeckt, und zwei kleinere für die Frösche. Dann schneidest du sie aus.

3 Für die Seerosenblüte schneidest du aus dem Butterbrotpapier ein Quadrat von 14 x 14 cm und eins von 12 x 12 cm. Die faltest du und schneidest den Rand zurecht.

Wenn der Tag zu Ende geht, treffen sich die Frösche auf der Seeroseninsel zu ihrem abendlichen Konzert. Und das ist wirklich sehenswert!

5 Jetzt wird das große Seerosenblatt auf das Holzbrettchen geklebt und darauf die kleinen Blätter. Wenn deine Frösche gehärtet und abgekühlt sind, dürfen sie auf den kleinen Seerosenblättern Platz nehmen.

4 Mit dem rosa Filzstift bemalst du die Ränder. Die Blüten klebst du aufeinander und auf das große Seerosenblatt. Da hinein stellst du das Teelicht.

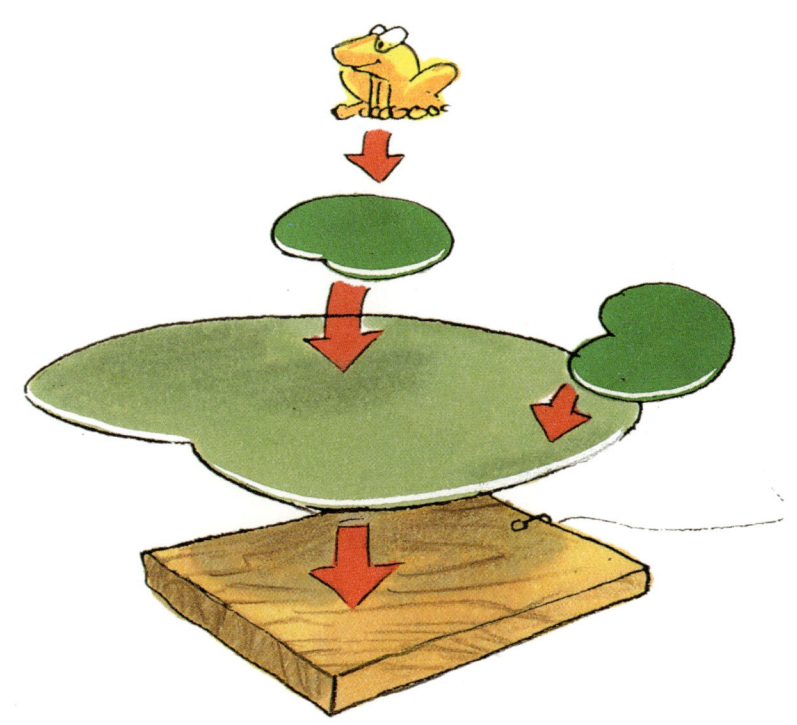

Hat das Holzbrett ein Loch, ziehst du dadurch eine Schnur, damit du deine Seeroseninsel festhalten oder am Wasserrand befestigen kannst. Wenn du ein Brett ohne Loch hast, drehst du unten in das Brett eine Schraube und befestigst daran die Schnur. Das Teelicht wird angezündet und die Seeroseninsel ins Wasser gelassen. Nun ist alles bereit für ein abendliches Treffen der Frösche auf der Seeroseninsel.

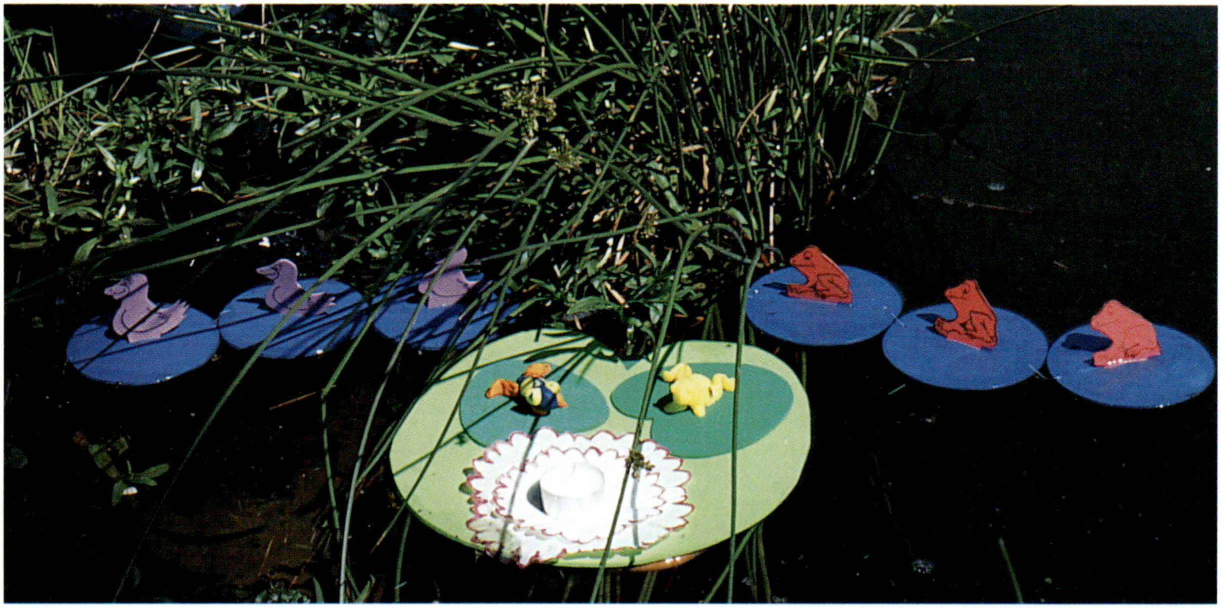

Ob Pfütze, Bach, See, Badewanne oder Planschbecken – Schwimmtiere mögen jedes Wasser.

1 Du zeichnest sechs bierdeckelgroße Kreise auf das Moosgummi und schneidest sie aus.

2 Dann vergrößerst du die Tiere mit dem Fotokopierer auf 200 % und überträgst drei Frösche und drei Enten auf das Moosgummi. Schneide sie aus.

3 Mit dem schwarzen Kugelschreiber malst du den Tieren Augen, Nase oder Schnabel.

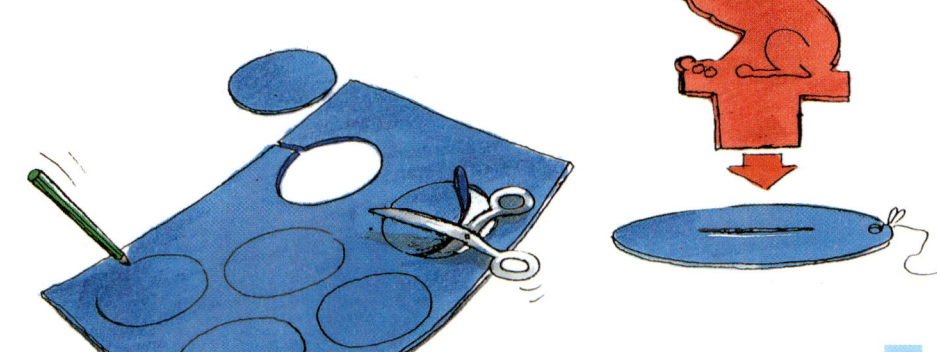

Material
- Moosgummi in mehreren Farben
- Schere
- Pauspapier
- Stift
- schwarzer Kugelschreiber
- Schnur

4 In die Mitte der Kreise schneidest du einen Schlitz, so groß, dass der Zapfen hindurchpasst. An die Ränder der Kreise kommt jeweils ein Loch für die Schnur.

5 Steck die Tiere mit dem Zapfen nach unten durch den Schlitz und verbinde je eine Tierfamilie mit Schnur.

Für den Teig:

- 300 g Mehl
- 200 g Butter
- 100 g Zucker
- 1 Ei
- 1 Messerspitze Back-
  pulver
- abgeriebene Schale
  einer unbehandelten
  Zitrone
- Folie zum Ausrollen,
  Messer zum Aus-
  schneiden
- Backpapier

Für die Verzierung:

- 500 g Puderzucker
- ca. 10 Esslöffel
  Zitronensaft
- Lebensmittelfarben
- Zuckerperlen
- Kokosraspeln

Für die Schablone:

- Pauspapier
- Stift
- Schere
- 1 Stück Karton

1 Verknete die Teigzutaten und lasse sie ca. 30 Minuten im Kühlschrank ruhen.

2 Die Zeit kannst du nutzen, um die Fischschablone herzustellen. Pause die Fischform ab, übertrage die Form auf den festen Karton und schneide sie aus.

3 Zwischen der Folie rollst du den Teig aus. Dann legst du die Schablone auf den Teig und schneidest die Form mit dem Messer aus. Das machst du so oft, bis der Teig verbraucht ist.

4 Die Fische legst du auf ein mit Backpapier ausgelegtes Backblech. Im Backofen 10 Minuten bei 200 °C backen.

5 Für den Guss verrührst du den Puderzucker mit dem Zitronensaft zu einem dicken Brei und verteilst ihn auf mehrere kleine Schalen.

6 Mit Lebensmittelfarben färbst du ihn blau, rot, grün oder lila, wie du Lust hast. Dann überziehst du die Fische mit Guss und verzierst sie mit Zuckerperlen und Kokosraspeln.

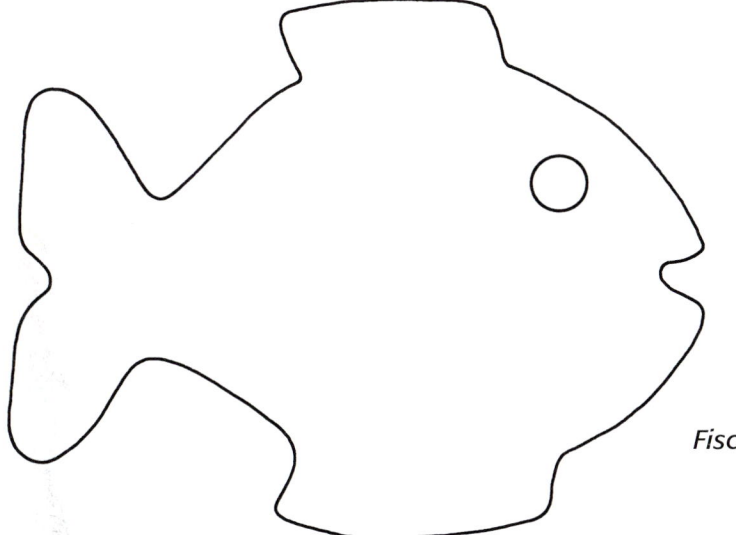

Fischschablone

Schatzsuche im Silbersee

- *viele kleine Steine*
- *Alufolie*

Die Steine werden einzeln mit Alufolie umwickelt. Das ist der Schatz im Silbersee. Vom Uferrand oder einem Badesteg aus werden die Silbersteine ins Wasser geworfen. Alle Silbersteinsucher springen hinterher, und jeder versucht, möglichst viele Steine zu bergen. Wer die meisten Silbersteine heraufholt, ist Sieger!

Wenn du und deine Freunde noch nicht schwimmen könnt, versenkt ihr den Schatz im flachen Wasser, sodass ihr mit den Händen oder mit den Füßen danach tasten und die gefundenen Silbersteine hochholen könnt.

Ditschen

- *flache Kieselsteine*

An Seen oder am Strand liegen viele Steine. Es macht Spaß, sie flach über die Wasseroberfläche springen zu lassen, sodass sie mehrere Aufsetzer – Ditscher – hintereinander haben. Mit etwas Übung kann man es dabei zu vielen Ditschern bringen.

Bei einer Ditschmeisterschaft treten zwei Spieler oder zwei Mannschaften gegeneinander an. Jeder Spieler sucht sich vier Steine, die er nacheinander über das Wasser springen lässt. Immer vom selben Punkt aus. Jeder Ditscher auf der Wasseroberfläche zählt als Punkt. Ditschmeister ist, wer am Ende einer Runde die meisten Aufsetzer erzielt hat.

Schiffsladung

- *Schüssel oder Wanne voll Wasser*
- *festes Schreibpapier in der Größe DIN A4*
- *pro Spieler 20 1-Pfennig-Münzen*

Für dieses Spiel braucht ihr Geschick und viel Fingerspitzengefühl.

Aus den Papierbögen faltet sich jeder Spieler ein Schiff, das er aufs Wasser setzt.

Nun soll das Schiff beladen werden, ohne dass es kentert. Dazu erhält jeder Kapitän 20 1-Pfennig-Münzen, die der Reihe nach in das Schiff gelegt werden. Ziel des Spieles ist es, alle Münzen loszuwerden. Sieger ist, wem das gelingt oder wer die meisten Münzen auf sein Schiff geladen hat.